Alphonse Esquiros

Du mouvement des races humaines

Essai

ISBN : 978-1542775243

10 9 8 7 6 5 4 3 2 1

Alphonse Esquiros

Du mouvement des races humaines

Essai

Table de Matières

Du mouvement des races humaines

Il se passe en ce moment sous nos yeux un grand fait, qui, à demi voilé encore dans les ténèbres de son origine, échappe à notre attention ; ce fait est celui du mouvement des races les unes vers les autres. Jusqu'ici les divers groupes du genre humain vivaient isolés : les gouvernements et les institutions contribuaient à fomenter entre les peuples des divisions infinies. La nature, de son côté, avait pourvu à la conservation des caractères qui distinguent les races en les séparant par des mers, des montagnes, des fleuves, des distances, autant de limites qui suffisaient à les contenir. Cet isolement a été nécessaire. Il importait que les différentes fractions du genre humain ne confondissent pas les traits et les nuances qui les constituent, avant que le développement se fût conformé chez chacune d'elles au type idéal qui lui est propre. Cette condition a été remplie. Aujourd'hui une tendance contraire se manifeste : les races se recherchent ; ni les institutions politiques dans lesquelles l'ignorance s'efforçait de les parquer, ni les obstacles matériels, ne les divisent plus. Le genre humain est à cette heure comme un serpent qui cherche à réunir ses tronçons dispersés çà et là par les bouleversements du globe et par les révolutions de l'histoire. Ce besoin d'universalité trouve dans l'invention de la vapeur un point d'appui merveilleux. Un ancien cherchait un levier pour remuer le monde ; ce levier puissant, un moderne l'a découvert, et il ne s'en doutait pas. Le nouveau moteur est un instrument de civilisation : appliqué aux rapports des races entre elles, il devient le symbole matériel de leur unité dans l'avenir. Un système de voies de communications se compose aujourd'hui de trois éléments : les chemins de fer, les canaux ou les fleuves, les grandes lignes de navigation maritime. Nous allons étudier, avant tout, l'influence que la vapeur exerce déjà sur ces trois organes du mouvement ; l'intensité de la cause nous fera mieux apprécier la nature des résultats.

L'état actuel des chemins de fer est à la veille de recevoir des développements considérables. Voici à peine quinze années que les monarchies européennes s'occupent sérieusement d'employer les forces de la vapeur à la traction des voitures. Où en sont-elles de leurs travaux ? La plupart n'ont encore construit que des sections de lignes ; mais, en se réunissant, ces sections doivent constituer

Alphonse Esquiros

avant peu un véritable réseau de fer continental. La formation matérielle de ce réseau présente une analogie curieuse avec les développements du système nerveux qui préside, chez l'homme et chez les autres êtres organisés, au mouvement. Si nous jetons un coup d'œil général à la surface de l'Europe, nous apercevons çà et là des commencements de chemins destinés à s'étendre. Cette disposition fragmentaire s'efface de jour en jour sous le progrès des travaux. Nous voyons alors des faisceaux de rails, disséminés par petits plexus isolés, s'ajouter les uns aux autres pour donner naissance à des rameaux qui vont se réunir à un tronc. Il est déjà possible de saisir un lien entre les chemins de fer qui existent en construction chez les différents peuples. Si l'on rattache par la pensée toutes les sections de lignes éparses sur le territoire de l'Angleterre, de la France, de la Belgique, de l'Allemagne et du royaume lombard-vénitien, on voit en quelque sorte apparaître l'unité de notre système de relations internationales. Nous allons essayer d'en figurer le dessin sur la carte géographique.

Que l'esprit trace d'abord une première ligne verticale dont le trajet joigne la mer du Nord à la Méditerranée. Cette grande ligne de fer commence à Édimbourg ; elle rencontre sur son chemin Newcastle, Londres, Douvres (ici une lacune de sept lieues de mer), elle reprend terre à Boulogne, arrive sur Paris, de Paris sur Lyon, de Lyon sur Avignon, d'Avignon sur Marseille, où elle s'arrête. Il s'en faut sans doute de beaucoup que cette voie gigantesque soit aujourd'hui parcourue dans son ensemble ; mais elle le sera : plusieurs de ses parties sont construites ; nous pouvons déjà fixer l'époque où les autres seront achevées. Le chemin de Newcastle à Douvres, qui s'étend sur une longueur d'environ cent quarante lieues, est en activité ; celui d'Édimbourg à Newcastle sera terminé d'ici à deux ans, celui de Boulogne à Paris dans trois, celui de Paris à Lyon et celui de Lyon à Avignon dans cinq, celui d'Avignon à Marseille avant deux ans. On peut donc dire en principe que cette ligne existe. Moyen de communication de l'Angleterre avec la France, et par elle avec cette Méditerranée qui est le chemin de l'Afrique, elle réunit des intérêts jetés sur une échelle immense. — Tirons à présent une seconde ligne parallèle dont la direction, également tournée du nord au sud, reliera la mer d'Allemagne à l'Adriatique. La tête de ce chemin de fer est à Hambourg ; de

Hambourg à Berlin, de Berlin à Dresde, de Dresde à Brunn, de Brunn à Gratz (par Vienne), et de Gratz à Trieste, il décrit un parcours d'environ trois cent quarante lieues. La continuité n'existe pas sur toute l'étendue de la voie ; de Hambourg à Berlin, nous estimons soixante-dix lieues en construction ; de Berlin à Dresde, c'est fait ; de Dresde à Brunn, il y a une lacune de soixante-quinze lieues qui se remplit à cette heure ; de Brunn à Gratz, le service est en activité ; de Gratz à Trieste, nous comptons à peu près cinquante lieues à ouvrir. L'exécution complète de cette ligne rencontre des obstacles dans la surface accidentée du territoire qu'elle traverse, mais elle est forcée. Touchant par Hambourg au Danemark, et par Trieste à l'Orient, elle répandra la vie sur les populations du Nord, et amènera peut-être cette unité germanique rêvée par Charlemagne et par Napoléon.

Il nous reste à croiser la direction de ces deux lignes, qui vont du nord au sud, par trois, autres lignes allant de l'est à l'ouest. La supérieure est destinée à joindre la Manche avec la Baltique. Elle s'avance du Havre à Paris, de Paris à Valenciennes, de Valenciennes à Cologne, de Cologne à Hanovre, de Hanovre à Stettin. Elle ne présente que deux solutions de continuité, l'une de Paris à Valenciennes, et l'autre de Cologne à Hanovre. Ces deux lacunes provisoires seront comblées d'ici à deux ans. La ligne complète sillonnera au moins trois cent quatre-vingts lieues. Moyen de transit de la France, de la Belgique, de la Prusse, et, par cette dernière, de la Pologne et de la Russie, elle se place, sous le rapport intellectuel, stratégique et commercial, au premier rang de nos grandes voies de civilisation. — La ligne moyenne servira de trait d'union entre l'Océan et la mer Noire. Partie de Nantes, elle se dirige vers Tours, de Tours à Paris, de Paris à Strasbourg, de Strasbourg à Carlsruhe, de Carlsruhe à Ratisbonne (par Stuttgard), de Ratisbonne à Vienne, de Vienne à Presbourg, de Presbourg à Pesth, de Pesth à la mer Noire. Cette ligne imposante ne se compose encore que de segments : on peut dire qu'elle existe de Tours à Paris (soixante lieues), de Strasbourg à Carlsruhe (dix-huit lieues), de Vienne à Presbourg (quinze lieues) ; le reste est à faire : il se fera. Nous sommes déjà en mesure d'indiquer la date de l'exécution. De Nantes à Tours, deux ans ; de Paris à Strasbourg, huit ; de Carlsruhe à Ratisbonne, huit ; de Ratisbonne à Vienne, quatre ; de Presbourg à Pesth, trois ; de

Pesth à la mer Noire, dans un temps inconnu ; mais le service se fait déjà par le moyen des bateaux à vapeur. Enlaçant dans ses sinuosités les principales villes du centre de la France, du grand-duché de Bade, de la Bavière et de l'Autriche, ce chemin de fer servira de rendez-vous aux peuples de l'Occident quand le moment sera venu pour eux de remonter vers l'Orient. — La ligne inférieure a pour destination de marier l'Océan à la Méditerranée ; elle court de la Teste à Bordeaux, de Bordeaux à Cette, de Cette à Marseille (ici la terre manque : ne tenons pas compte de cette lacune de deux cents lieues de mer), de Marseille à Rome, de Rome à Naples. Cette grande ligne sera complète d'ici à cinq années, si des résistances morales ne viennent pas en interrompre l'exécution ; elle présente déjà une surface de deux cent soixante-treize lieues en activité. Il est vrai que nous comptons dans ce dernier chiffre la distance franchie par les bateaux à vapeur, dont le sillage continue sur mer le tracé du railway. Moyen d'action de la France sur l'Italie, cette ligne capitale servira peut-être, par la suite, à régénérer notre influence au-delà des Alpes.

Si nous réunissons ces cinq grandes lignes, notre réseau de fer international nous apparaîtra sous la forme d'un quadrilatère dans lequel se trouvera encadrée toute la civilisation moderne. Cette figure géométrique ne contient pas encore, il s'en faut de beaucoup, tous les travaux en voie d'exécution. Nous avons aussi négligé les embranchements ; or, tout le monde sait que les chemins de fer sont doués d'une puissance en quelque sorte végétative ; leur accroissement est une nécessité de leur existence. Ces mille ramifications nous détourneraient des vues d'ensemble que nous avons voulu établir. Il nous importait de ne tenir compte que des lignes à grande continuité, des lignes qu'on peut nommer à juste titre européennes. Nous ne doutons point d'ailleurs que la Russie, l'Espagne, la Turquie d'Europe, ne viennent se rattacher avant peu à ces grands nerfs du mouvement continental. La Russie a tracé déjà son chemin de fer, qui unira Saint-Pétersbourg à Moscou. Le Nouveau-Monde, qui fait, depuis un demi-siècle, partie de l'ancien pour tout ce qui regarde la civilisation et le commerce, se trouve naturellement rallié au système de voies de communications que nous avons esquissé. Il est en effet possible de suivre par l'imagination, d'un continent à l'autre, le parcours majestueux de ces lignes de fer, entre lesquelles l'Océan atlantique se jette, et qu'il divise sans les briser. Ce n'est pas tout, nous voyons commencer sur les rivages de l'Afrique une nouvelle France. Il n'y a plus aujourd'hui de système de colonisation sérieux sans l'emploi de la vapeur ; notre conquête ne prendra racine sur ce sol rebelle et ne le transformera que par la création d'un réseau de fer algérien, destiné à rattacher toute la colonie au centre. Déjà une ligne construite par le travail des nègres relie ensemble les deux principales villes de la Jamaïque, Kingston et Spanish-Town. L'Océanie présente aux colonies anglaises, pour l'exécution de semblables travaux, ses montagnes de fer. On accusera peut-être notre imagination de bâtir d'avance des rail-ways sur des parcours fabuleux ; mais, quand on songe à la figure nouvelle que le système de transport à vapeur a donnée en quelques années au territoire du Nouveau-Monde, surtout dans les états de l'ouest, on ne saurait plus assigner de limites à l'action d'un tel moteur sur la nature et sur les distances.

L'économiste ne doit point séparer les lignes de navigation des chemins de fer ; il convient, en effet, de balancer ces deux systèmes sur notre continent, comme la nature équilibre la circulation et le mouvement dans les êtres organisés. La constitution hydrographique de l'Europe, quoique belle, n'est encore qu'ébauchée. L'Allemagne se préoccupe de rattacher ses fleuves à un système de communications étendu. En Bavière, le roi Louis poursuit l'achèvement du grand canal qui doit joindre le Rhin au Mein, et par conséquent au Danube. C'était la pensée de César et de Charlemagne, ce fut celle de Napoléon. La France n'aurait maintenant qu'à relier par des canaux le Rhône et tous ses fleuves au Rhin pour s'ouvrir le chemin de la mer Noire. L'importance de cette voie navigable est connue : tous les cabinets voient dans l'équilibre à venir de l'Europe une question dont le nœud réside à Constantinople. La France a déjà son canal du Midi, qu'elle doit à l'immortel Riquet ; la Hollande a celui du Helder ; ces deux grandes artères de navigation artificielle ont rendu des services que les chemins de fer ne doivent point faire oublier, qu'ils ne remplacent pas toujours. Au lieu donc d'entretenir entre ces deux agents de relations, les chemins de fer et les chemins d'eau, une rivalité, une concurrence, un antagonisme, nous croyons que mieux vaut les considérer comme les satellites de la vie industrielle ou agricole pour les populations qu'ils tra-

Alphonse Esquiros

versent. Les bateaux à vapeur ont contribué, avant les chemins de fer, à développer l'élément de circulation.

Les chemins de fer, les canaux et les lignes fluviales ne seraient pourtant rien encore sans leur combinaison avec les grandes lignes maritimes. Les wagons n'iront jamais si loin que les paquebots ; la mer demeurera toujours l'agent des communications à grande distance, c'est sur elle que la vapeur exercera une influence encore plus étendue. Aujourd'hui, presque toutes les voies navigables sont ouvertes. On ne connaît plus ces retards qu'imposait la direction des vents ; l'arrivée des paquebots pour le service des lettres et des voyageurs est prévue maintenant comme celle des voitures publiques. Toutes les parties du globe communiquent par ces mêmes flots qui ont servi si longtemps à les diviser ; la mer n'est plus une lacune entre les continents, c'est un lien. Quelques coups de canon ont suffi à renverser la barrière que la Chine avait élevée depuis des siècles autour de ses deux cent cinquante millions d'habitants ; les profondeurs de l'Orient sont mises à découvert. Il n'y a pas cinquante ans, nos livres de géographie ne connaissaient que quatre parties du monde ; la main des navigateurs a soulevé le voile sur ce groupe d'îles mystérieuses que la nature cachait dans des mers vierges. L'Océanie a aujourd'hui sa place sur la carte et jusque dans nos discussions politiques. Les voyages de long cours ont pris des développements inouïs, et le nombre des voyageurs augmente sur toutes les mers avec les progrès de la navigation.

Ce vaste ensemble de communications est-il destiné à exercer une influence sur les rapports des races ? Il nous semble que la réponse à une telle question n'est pas douteuse. A mesure que l'homme civilisé s'étend et se dilate à la surface du globe terrestre, il en rattache entr'eux les habitants. Nous ferons observer en outre que toutes les grandes découvertes ont concouru au même résultat. L'invention de la poudre à canon contribua dans les âges de barbarie à rendre la guerre plus fréquente ; or, la guerre met les peuples en contact. La boussole, en dirigeant les entreprises des navigateurs, a réuni des hommes et des mondes étonnés de se rencontrer sur la même planète. L'imprimerie, en créant d'état à état, souvent même de continent à continent, un système d'échange pour les richesses de la pensée, a établi également entre les nations civilisées des relations qui n'existaient pas. La création de la vapeur complétera cette unité de rapports que la poudre à canon, la boussole et l'imprimerie avaient ébauchée. Au point de vue moral, les lignes de fer sont autant de conducteurs magnétiques par lesquels la pensée d'une nation communiquera aux nations voisines ses ébranlements. Au point de vue industriel et commercial, ces mêmes lignes, allant d'un bout de l'Europe à l'autre, auront pour résultat de modifier profondément les systèmes actuels de douanes, en créant une sainte-alliance entre les peuples marchands. Comme moyen de publicité, ces routes philosophiques, sur lesquelles circulent les hommes et les idées, achèveront l'œuvre de Guttenberg en lui communiquant le secours dont l'imprimerie a besoin pour agir. Le livre ne peut rien par lui-même, le livre n'existe que pour ceux qui le lisent. Il faut qu'une force matérielle le fasse pénétrer dans ces populations sombres et lointaines qui opposent aux lumières l'obstacle de leurs montagnes, de leurs marais, de leurs bois, et de leurs landes impraticables ; cette force est dans la circulation. Auxiliaires de l'imprimerie, les chemins de fer avanceront l'enseignement des masses. La propagande de la vapeur défiera toutes les censures : allez donc arrêter ces mille voix de la civilisation dans leur passage aérien à travers l'Allemagne ou la Russie ! Quand les états européens seront couverts de grandes lignes s'embranchant sur toutes les capitales, — autant de rayons par lesquels s'opérera la diffusion des lumières, — la face intellectuelle de notre continent sera changée. La vapeur nous semble donc destinée à devenir le lien des distances, le lien des races.

Quand la guerre était presque le seul moyen dont la Providence se servît pour mettre les races en présence, l'union d'un peuple à un autre peuple n'était jamais cimentée que par la force. Or, nous ne craignons pas de le dire, la force brutale est impuissante à fondre ensemble les divers éléments du genre humain. Longtemps après la conquête, les vainqueurs et les vaincus forment encore dans la nation deux camps distincts : les inimitiés secrètes refoulées dans le cœur du peuple soumis, la honte et le ressentiment de sa défaite, demeurent un obstacle de longue durée à l'alliance avec les envahisseurs. Il se passe souvent plusieurs siècles avant que la trace de cette division soit effacée ; quelquefois même elle persiste toujours si, le peuple conquis nourrit secrètement l'espoir de ressaisir son indépendance. Cela est si vrai que, malgré les guerres qui ont ensanglanté l'Europe au moyen-âge et à une époque plus récente, malgré ces déchirements et ces partages qui ont renouvelé plusieurs fois la face politique de notre continent, il se trouve que les races ont perdu très peu de leurs caractères. Transportées souvent du nord au midi ou du midi au nord, elles reviennent d'elles-mêmes à leurs limites dès que le bras de fer qui les mêlait arrive à se retirer. On peut donc dire que la guerre était le lien des âges de barbarie, mais que ce lien établissait entre les peuples des rapports violents qui les rassemblaient sans les unir. Il ne faut pas se hâter de croire à une paix universelle ; le glaive reparaîtra sans aucun doute dans l'histoire des peuples, mais son intervention sera moins fréquente quand les nations se connaîtront mieux. Si cet état de choses s'établit, comme nous l'espérons, les chemins de fer auront pour résultat de créer une cause nouvelle et, bien autrement active de croisement. Ici, la barrière élevée par la conquête n'existe plus ; les peuples sont égaux, les peuples sont les frères d'une même famille.

La guerre se trouvait en outre circonscrite sur un point géographique. Hors les cas assez rares d'invasion en masse, où un peuple venait s'établir sur le territoire d'un autre peuple, la force armée n'exerçait en général qu'une action fugitive. Ces rapports brutaux, ces communications du sabre, les seules que les peuples anciens et modernes aient connues, n'ont fait pour ainsi dire que glisser sur les traits physiologiques des races. Les chemins de fer exerceront au contraire sur le croisement des individus une action constante, sympathique, renouvelée. Les invasions étaient des torrents orageux qui couraient çà et là, et laissaient seulement sur le chemin la trace de leur écume ; les routes nouvelles, en excitant au plus haut degré le besoin des voyages, formeront des irradiations lentes d'étrangers passant d'une contrée à l'autre, et déposant leurs caractères dans le sein des populations alliées.

Quelles seront les suites de ce mélange des races ? Ceci devient une question d'histoire naturelle, entée sur un fait d'économie politique. Cette question, nous allons essayer de la résoudre à l'aide des lumières que nous prêtent les deux sciences. Le règne de la vapeur ne commence que d'hier : si, d'un côté, il semble téméraire de rechercher les résultats éloignés d'une telle force quand l'orbite de son mouvement est encore à peine tracé, il ne faut pas oublier, de l'autre, que la marche de tous les phénomènes de l'industrie et de la nature est soumise à des lois qu'il est possible de dévoiler. « Le caractère essentiel d'un ensemble de connaissances parvenues à l'état de science, disait dernièrement M. de Blainville, est de prévoir, » De telles prévisions ne sont pas stériles ; elles servent à disposer le présent en vue de l'avenir. Le but vers lequel on s'avance étant déterminé, chaque siècle mesure ensuite ses forces à la distance qu'il doit franchir. Si donc la question de l'influence de la vapeur sur le mouvement des races semble, au premier coup d'œil, une hypothèse, on ne tarde pas à lui découvrir une base dans l'état actuel de la physiologie. La science des races est encore en germe ; les voyages contribueront à la former ; mais, telle qu'elle existe, elle nous fournit déjà les principaux traits qui peuvent servir à dessiner la perspective ouverte devant nous par l'établissement des chemins de fer.

La surface habitée du globe nous présente un très grand nombre de races humaines, qu'on peut ramener à quatre grandes divisions : la race caucasique, qui a la peau blanche, les cheveux lisses, onctueux, fins ; la race mongolique, qui a la peau jaune, les cheveux épais et raides ; la race éthiopique, qui a la peau noire, les cheveux durs et laineux ; la race américaine, qui a la peau mêlée de jaune et de rouge, les cheveux noirs, longs et rudes. Dans tous les endroits de la terre où ces variétés humaines se soit trouvées en présence, voici ce qui est arrivé : les noirs ont obéi aux jaunes ; les uns et les autres se sont soumis aux blancs. Si des nuances moyennes résultent du mélange de ces trois couleurs, elles occupent dans la société des rangs intermédiaires. On peut déjà conclure de ce premier fait qu'il y a une gradation de puissance et de civilisation à établir sur les caractères des races humaines.

L'existence de plusieurs races d'hommes à la surface de la terre est un fait trop grave ; il se rattache trop intimement au problème dont il s'agit de trouver la solution, pour que nous ne cherchions pas à en pénétrer l'origine. Sur ce point, l'histoire n'a presque rien à nous apprendre ; l'histoire est muette. Pour le genre humain comme pour l'homme, la première enfance est couverte des ténèbres de l'oubli. Quelques monuments respectables par leur antiquité, mais écrits dans des langues perdues, sont les seuls débris sur lesquels des races entières puissent lire leurs titres de naissance ; encore ces monuments appartiennent-ils à des temps historiques, et, comme l'avènement des races a précédé sans nul doute l'établissement des sociétés humaines, nous ne réussirons jamais par cette voie à surprendre le secret de la nature. La science seule, par la distinction des caractères physiques, arrivera sans doute à déterminer la place des différentes races sur l'échelle de l'humanité, leur filiation, et peut-être leur origine. Les voyages, en agrandissant nos rapports, nous mettront sur la voie de plus amples découvertes. Qu'allons-nous faire dans les contrées lointaines et sauvages ? Chercher les traces de notre avènement sur le globe, conquérir notre histoire. Or, il faut nous hâter, car, tous les jours, les pages vivantes de cette histoire s'effacent ou disparaissent ; des races primitives s'éteignent, et avec elles s'en vont les derniers traits de la naissance de l'humanité.

Pour lever le voile sur le berceau de notre espèce, il convient avant tout d'en séparer les éléments. La race blanche a fait remonter à son origine le commencement du genre humain ; mais tout nous porte à croire qu'elle avait été précédée. Les autres races dont elle n'a pas voulu tenir compte historiquement, ou que dans son orgueil généalogique elle a imaginé de faire descendre d'elle par voie de dégénérescence, ont très probablement devancé son existence à la surface de la terre. On peut considérer le genre humain comme formant un règne à part dans la création ; les races sont, sous certains rapports, les unes vis-à-vis des autres, ce que sont les genres dans le règne animal. Or, comme toute existence a été en progrès sur le globe, il est naturel de penser que les races les plus inférieures sont aussi les plus anciennes. Ainsi que dans l'histoire des âges antédiluviens chaque transformation du globe coïncide avec un progrès dans le règne animal, de même les changements postérieurs à la grande semaine de Moïse nous semblent avoir eu pour résultat l'apparition successive des divers groupes d'hommes sur les différents points de la planète. Nous pouvons déjà placer dans le voisinage de la ligne équatoriale le berceau de la race noire, dans l'Atlantide celui de la race rouge, dans le sud de l'Asie l'origine de la race jaune, dans le nord ou dans l'Asie centrale les premières traces de la race blanche. Le mouvement de destruction et de reproduction qui préside à toute la nature paraît s'être étendu jusque sur la genèse du genre humain : la race noire est le débris d'un monde antérieur ; elle a survécu misérablement au théâtre de sa force et de sa puissance. La race américaine nous semble également une ancienne race naufragée, dont Christophe Colomb retrouva les restes épars qui commençaient à se reformer sur le sol de l'Amérique. Le même coup de la main de Dieu qui brisait un continent et abîmait la race rouge, soulevait peut-être d'un autre côté les montagnes de l'Asie sur lesquelles la race blanche allait se manifester. Cette vue nouvelle fait éclater les étroites lisières chronologiques dans lesquelles nos historiens ont voulu envelopper l'existence du genre humain ; mais il faut se souvenir que les siècles sont comme les objets qui s'effacent par la distance ; aucun chronomètre ne peut guider notre marche dans des âges où tout est encore fabuleux.

Il s'est élevé dans ces derniers temps une opinion qui sera jugée plus tard : quelques physiologistes distingués ont voulu faire sortir les races d'une souche commune par voie de développements. La race noire se serait transformée avec le temps, et en passant par les nuances intermédiaires, dans la race blanche. Cette hypothèse flatteuse pour la théorie du progrès ne repose jusqu'ici, il faut l'avouer, sur aucun monument authentique. En fait, il existe plusieurs races d'hommes reconnaissables, dont les caractères semblent doués d'une force de résistance très grande. La nature a mis entre les différents groupes de notre espèce des limites qui ont empêché jusqu'ici la confusion de s'introduire parmi eux. Or, la nature veille à la conservation des caractères qui constituent les races, parce qu'à ces caractères sont attachées des aptitudes physiques et morales distinctes. Ces différences dans la couleur de la peau, dans la forme de la tête, et généralement dans la structure du corps, amènent les facultés particulières dont le rapport total forme l'harmonie du genre humain.

S'il y a une gradation de puissance à établir sur la couleur des races, il existe aussi une échelle de domination basée sur les formes du crâne. On a trouvé dans l'Amérique du Sud une île, nommée l'île des Sacrifices, dans laquelle les anciens habitants de cette partie du monde égorgeaient des victimes humaines. Des peintures, conservées sur les lieux et reproduites dans le grand ouvrage de M. de Humboldt, nous montrent ces scènes affreuses. Une remarque curieuse à faire est celle de la différence de la tête chez les acteurs de ce drame horrible : les hommes dans le sein desquels leurs

Alphonse Esquiros

ennemis enfoncent le couteau avec une sorte de plaisir sauvage sont, pour ainsi dire, acéphales. Ces individus, quoique de couleur rouge, sortent évidemment d'une autre race, inférieure à celle qui les immole. Aujourd'hui que le temps a passé sur les peuples du Nouveau-Monde, et qu'il a confondu les débris des uns et des autres dans les entrailles de la terre, on distingue encore le crâne des sacrificateurs et celui des sacrifiés. La configuration de la tête de ces derniers, étroite et fuyante, annonce des êtres faibles, sans défense, nés pour mourir ; tandis que la nature a imprimé sur le crâne de leurs terribles destructeurs les caractères de la force impitoyable. On voit donc qu'au sein des peuples d'une même coloration, en guerre les uns avec les autres, il existe des variétés considérables qui servent de base à une hiérarchie éternelle, les races plus robustes tendant sans cesse à vaincre et à opprimer les races plus faibles.

La science de l'homme, pour sortir enfin de la période fabuleuse des conjectures, demande à être calquée sur les caractères anatomiques des races. M. le professeur Serres a jeté cette année dans son cours public les premiers traits d'une anthropologie comparée : il a montré les fonctions se dégradant avec les organes, à mesure qu'on descend de la race caucasique dans les races inférieures. Une observation intéressante est celle de l'abaissement du cordon ombilical chez la race américaine ; le nombril est plus bas, parce que le foie est volumineux ; or, quand dans un individu il y a prédominance du foie, il y a toujours prédominance de la voracité. Voilà donc un premier fait de l'histoire des Indiens du Nouveau-Monde qui a sa racine dans leur constitution. M. Serres possède un crâne américain dans la mâchoire duquel il nous a montré l'existence d'une canine énorme, qui devait presque déborder la lèvre supérieure : ce trait de ressemblance avec les animaux carnassiers explique le caractère de férocité des Mexicains. Le même naturaliste a observé dans dix ou douze individus de la race éthiopique dont le cadavre était tombé sous son scalpel, une flexuosité assez marquée des artères ; il devait en résulter un ralentissement de la circulation du sang. Cette disposition hydraulique qui, à un certain âge de la vie, devient pour l'homme de la race caucasique une condition d'existence, est pour le noir une loi permanente de sa nature. Ne pourrait-on pas rattacher cette circonstance à l'état moral de la race éthiopique ? Cette paresse de circulation coïncide, en effet, avec cette torpeur et cette apathie qui forment un des caractères du nègre. L'élongation des membres, surtout celle du membre inférieur, qui entraîne toujours la déformation du bassin, rend raison de la faiblesse physique des individus de la race noire ; tous les voyageurs ont reconnu l'infériorité des forces du nègre, comparées à celles du blanc. La brièveté du cou, d'où résulte la longueur des bras, a pour effet la perte de ce gracieux arrondissement des formes qui constitue chez nous la beauté de la femme ; et de plus, si le raccourcissement du cou, cet organe satellite de la main, comme le pense M. Serres, doit concourir à rendre le nègre inhabile, maladroit, peu inventif. A mesure que le cou vient à se raccourcir, la face se projette en avant ; cette disposition, tout animale, semble avoir pour objet de faciliter à l'individu l'appréhension des aliments Le prolongement des os de la face a, en outre, pour destination d'encaisser les organes des sens. A mesure que nous descendons dans les races humaines, la moelle épinière et les nerfs deviennent d'autant plus volumineux qu'on approche plus de la race éthiopique. Il existe un antagonisme très prononcé entre la face et le cerveau ; selon que la face prédomine, l'action des sens prédomine, et l'action de l'intelligence baisse dans la même proportion. Les races inférieures sont remarquables par la finesse de l'odorat : les nègres et les Indiens du Nouveau-Monde connaissent par l'olfaction les individus, les sexes, les étrangers ; ce sens leur sert à distinguer leurs ennemis. Le goût est aussi prodigieusement développé dans les races rouge et noire : la délectation que les individus de ces deux couleurs éprouvent à la vue et à l'absorption de la nourriture ne saurait se définir ; la race blanche, à côté d'eux, ne sait pas manger.

La civilisation paraît avoir pour effet de réduire la capacité de l'abdomen ; chez les races sauvages ou barbares, tous les appareils de la vie végétative et animale sont portés à un volume considérable. Les Chinois ont la panse très saillante ; leurs artistes exagèrent ce caractère sur leurs portraits, tant ce qui serait chez nous un objet d'insulte est en honneur chez eux. La race américaine se fait remarquer par certaines excentricités qui sont, chez elle, un effet de la tendance des races inférieures à développer le volume des réceptacles des sens. On rencontre des tribus de sauvages dont les uns tiennent à honneur d'être les cultivateurs de l'oreille, d'autres les cultivateurs du nez ; on trouve aussi des sectes qui se distinguent par un ventre énorme. Le chef d'une de ces sectes, représenté sur une gravure que M. Serres nous a fait voir, paraît aussi content de son abdomen que l'autre l'est de son nez. Ses sujets cherchaient à l'imiter, et reproduisaient assez bien sa grosseur. Les sauvages d'Amérique sont, comme nous l'avons dit, d'une voracité extrême ; lorsque la chasse a été bonne et qu'une masse d'alimentation se trouve à portée de leur estomac, ils mangent avec une avidité telle, qu'ils sont contraints ensuite de s'étendre à terre, engourdis et repus. Ils se couchent sur je dos : un de leurs camarades, moins gorgé de nourriture, vient s'asseoir sur leur ventre et leur pétrit la partie sensible pour aider à la digestion. Nous retrouvons dans ces races inférieures tous les traits de l'animalité ; à mesure que l'action des sens se développe chez elles, la physionomie perd de sa mobilité, de son caractère, de sa noblesse. L'âme, chez nous, a deux langages, la parole et la physionomie, par lesquels elle exprime tous ses sentiments. Il n'en est plus de même dans la race éthiopique ; nous rencontrons chez elle une entière apathie de la face ; le jeu de la physionomie éteint exprime tout au plus par une grimace la grossière satisfaction des appétits matériels ; la parole, toute gutturale, se rapproche elle-même du son que font entendre les singes. Loin de fuir ces caractères d'animalité, les races inférieures les recherchent. Quelques tribus américaines travaillaient à conformer leur nez sur le modèle du bec de l'aigle. La forme naturelle du crâne, chez les Mexicains, était déjà déprimée au sommet et renflée sur les côtés de la tête : ils avaient encore remanié cette forme pour la rendre plus sensible. Le Mexicain s'était donné la face du lion. Ces hommes, au visage terrible, se servaient sanis doute de leur laideur féroce pour intimider leurs ennemis. Le type idéal que ces populations cherchaient à imprimer à leurs enfants était d'ailleurs contenu en germe dans la structure de leurs organes. « Il serait, nous disait M. Serres, impossible de produire ces dépressions artificielles sur des individus de la race caucasique. » Tous ces faits, qu'un grave et éminent professeur enseigne du haut de sa chaire, ne rencontrent point d'objections sérieuses. Nous sommes donc fondé à conclure qu'en prenant pour guide l'anatomie, on arrive à déterminer les conditions des mœurs et du développement des différentes races humaines.

La science a été plus loin : non contente d'observer les caractères des races à l'état élémentaire, elle a cherché l'action que ces races exercent les unes sur les autres en se croisant. Voici quel a été le résultat de ses informations. Toutes les races humaines ont la faculté de se reproduire entre elles. La nature a pourtant mis certains obstacles au rapprochement de leurs extrêmes : l'union d'un individu de la race éthiopique avec une femme blanche est douloureuse, antipathique, le plus souvent improductive. La condition inverse est, au contraire, favorable au mélange des sexes ; l'union du blanc avec la femme noire est facile, sympathique, et presque toujours féconde. Si l'on interprète avec M. Serres les vues de la nature, on trouve qu'elle a mis un dessein dans ce point d'arrêt et dans cette barrière matérielle. La nature veut l'élévation des races, elle ne veut pas leur abaissement. Or, dans le premier cas, le produit descend vers la race éthiopique ; dans le second, c'est-à-dire dans le cas de l'union de l'homme blanc avec la voit déjà que le mélange des races, dans certaines limites fixées par la nature, est un des moyens de perfectionnement de l'espèce humaine.

Cette faculté de reproduction entre les sexes appartenant à deux races différentes tranche la question d'unité : il existe plusieurs races, mais il n'y a qu'une nature humaine. Les animaux qui ne sont pas d'une même espèce ne se reproduisent pas entre eux ; dans les genres très voisins, le croisement donne naissance à des métis dont la fécondité s'arrête à la première ou à la seconde génération. L'unité humaine se manifeste dans un autre fait que la science a recueilli quand le mélange de deux individus de races diverses est fécond, la race supérieure fournit au moins les deux tiers à la nature du produit. Ce mouvement a été observé avec attention. M. Serres a reconnu que la race caucasique imprime son cachet sur les races qu'elle touche ; elle descend d'abord un peu ; mais, à la quatrième, cinquième ou sixième reproduction, elle remonte et ramène à elle tous les autres types. Qui ne prévoit déjà les conséquences philosophiques de ce fait d'histoire naturelle ? Les envahissements de la race blanche tendent aujourd'hui à effacer par toute la terre l'existence des autres races. Les traditions anciennes, qui nous représentent un premier homme blanc dont toutes les races sont sorties comme d'une souche unique, perpétuent sans

Alphonse Esquiros

doute une erreur ; mais ce n'est qu'une erreur de temps. L'unité de races, l'homme modèle, l'homme type, n'existe pas dans le passé ; il a sa raison d'être dans l'avenir. Adam n'est pas venu, il viendra.

Les races supérieures absorbent les races inférieures. Ce fait est sans exception. Tout nous porte à croire que la race noire a été primitivement la plus nombreuse ; elle est encore douée à cette heure d'une fécondité qui alimente partout l'esclavage ; son existence à la surface du globe ne s'est restreinte que sous les envahissements des autres races qui sont venues s'établir au-dessus d'elle. En Amérique la race rouge forme l'assise inférieure, le *substratum* des peuples qui lui ont succédé sur sa terre natale. Déjà un grand nombre des indigènes du Nouveau-Monde ont disparu. Les autochthones, moins forts que les Incas, avaient été remplacés par eux ; la race caucasique, étant survenue, a éteint à son tour les Incas. Ce mouvement s'étend par toute la terre ; la race de Van-Diémen a cessé d'être, il n'en reste plus que trente ou quarante individus ; les Guanches ont été anéantis ; les Caraïbes, dont la race subsiste encore sur le continent, ont été détruits dans les îles de l'Amérique. Le voisinage des races robustes efface partout les races faibles ; celle des Indous, en rapport avec des groupes plus forts qu'elle, s'éteint de jour en jour. Il existe une histoire fossile du genre humain qui ne remonte pas au-delà des temps historiques : à mesure que l'on avance dans la terre, on retrouve les débris de races plus faibles et plus dégradées qui ont succombé. Ces couches superposées forment comme les âges successifs du genre humain. Quand ce mouvement d'absorption est naturel, il tourne à l'avantage du progrès ; les races inférieures, en s'éteignant dans les races supérieures, y déposent des caractères nouveaux, qui deviennent pour celles-ci autant de germes de développements. Malheureusement la force aveugle intervient presque toujours dans cette œuvre, et enlève violemment du globe les races primitives, avant qu'elles aient eu le temps de se fondre dans la nôtre. On est encore à se demander si la découverte du Nouveau-Monde fut un bienfait pour les générations à venir. Parmi les populations d'Amérique, les unes jouissaient d'une civilisation commencée, les autres étaient sur le point de se mettre en marche vers un état de société, lorsque la race blanche vint à tomber sur elles. Cet évènement arrêta leur progrès. Notre état social, en venant se poser au milieu des tribus sauvages, a été

Du mouvement des races humaines

pour elles une cause de stationnement et de ruine. Non contente d'étouffer dans ces tribus des développements naturels, l'arrivée des Européens fit disparaître par la force des populations entières. Cette race, dont les débris avaient survécu aux cataclysmes de la nature, fut de nouveau abîmée dans la conquête. La brutalité de l'Espagne vis-à-vis des habitants du Nouveau-Monde fut un crime de lèse-humanité que cette puissante nation expie à cette heure par sa déchéance. Qui sait si les germes qu'elle écrasait ainsi sous son pied de fer n'étaient pas nécessaires à la nature pour achever un jour notre race ? Les mêmes attentats se sont répétés et se répètent encore : les Anglo-Américains chassent aux Peaux-rouges sur le territoire de l'Union comme aux bêtes fauves. Les autres races n'ont point été moins maltraitées. Nos colonies européennes n'ont guère été fondées jusqu'ici que par la destruction des indigènes ; une trace de larmes et de sang marque les progrès de l'homme cauca-sique autour de ce globe dont il aurait dû civiliser les premiers ha-bitants. Tous les jours des chasseurs anglais tuent à coups de fusil des sauvages de la Nouvelle-Hollande pour les donner en pâture à leurs chiens. Au nom du ciel, il faut que cela cesse ! Il est temps que la science dirige ces conquêtes dont la force brutale abuse sans les rendre fécondes. La physiologie nous enseigne qu'il n'existe pas de races insignifiantes, puisqu'elles sont toutes destinées à entrer dans la nôtre. Laissons-les donc se développer à leur aise, au lieu de les refouler dans des déserts où elles périssent ; il y a place pour elles et pour nous sous le soleil. Sans doute la civilisation ne saurait reculer devant l'état sauvage ; mais c'est en renouvelant ses forces dans la nature qu'elle les accroîtra. Toutes les races d'ailleurs sont solidaires, celle qui en détruit une nuit à toutes les autres qu'elle prive ainsi d'un moyen de perfectionnement. Dernier-né peut-être de son espèce, l'homme blanc, l'homme adamique, doit ramener à son type toutes les variétés humaines ; l'égoïsme même lui conseille en ce cas de ne point les comprimer par la violence et l'injure ; dé-velopper les germes qui languissent, c'est encore pour lui féconder les éléments futurs de sa race.

Nous avons vu les conditions du croisement, nous allons recher-cher son influence. Si nous suivons toujours le fil conducteur de la science, nous arriverons à mettre le pied sur un terrain positif où les faits nous répondent des théories. M. Serres a fait l'observation

Alphonse Esquiros

suivante : toutes les fois qu'on considère les races humaines à l'état pur, on trouve que chacune d'elles a un tempérament uniforme qui prédomine sur tous les individus ; quand c'est l'inverse qui a lieu, c'est-à-dire quand on a sous les yeux une race très mélangée, on distingue une variété considérable de tempéraments, et les individus qui les représentent ont les dispositions morales des races dont ils sont originaires. Ce fait, sur lequel nous reviendrons, parce qu'il amène des conséquences très nombreuses, nous dévoile déjà une des influences du croisement, qui est de multiplier les manifestations de la nature humaine.

Le hasard ayant amené, cet hiver, à Paris, deux sauvages botocudes, la science a eu l'occasion d'examiner de près et à loisir l'état élémentaire de cette race américaine, la plus mystérieuse de toutes celles qui existent. M. Serres constata un fait remarquable : les racines de la perfectibilité humaine, dans cette race, semblent appartenir à la femme, de telle sorte que l'abrutissement de ces populations sauvages a sa cause dans l'état de dégradation sous lequel la femme a été tenue par l'homme. Si cette remarque pouvait s'étendre aux autres races, la femme, agent actif dans l'œuvre de la reproduction, se montrerait à nous comme le moule du progrès ; or la science entrevoit déjà la certitude d'élever ce fait à la hauteur d'une loi générale. Le penchant qui attire les sexes de différentes races à s'unir n'est point un mouvement aveugle. Les races inférieures sont destinées à servir d'aliment aux races supérieures ; les traits qui dessinent les premières ne seront pour cela ni effacés, ni confondus ; leurs caractères, loin d'être détruits, se conserveront au sein même de la race caucasique dont ils augmenteront la variété.

Avec ces principes généraux, nous avons un moyen de juger l'influence du croisement des races sur les sociétés. C'est à la physiologie qu'il appartient de fournir les premiers traits du perfectionnement de la nature humaine : nous nous en servirons pour dessiner le tableau des peuples qui s'agitent en ce moment sur le globe. L'importance des rapports que nos voies de navigation à vapeur créent de jour en jour entre les habitants des diverses contrées, semblera encore plus grande, si à la nature des races qu'elle relie entre elles se rattachent des civilisations qui doivent se compléter les unes par les autres. Or c'est précisément ce qui est.

Il faut reconnaître dans chaque race une force secrète qui détermine l'étendue et les formes de son développement : les lois, les mœurs, les institutions, les croyances, se subordonnent à cette force, et c'est ce qui constitue la physionomie des sociétés. L'organisation d'un état exprime toujours les caractères naturels qui sont dans le peuple. Cette connaissance est nécessaire pour diriger nos rapports : si l'homme caucasique doit agir sur les autres races, il doit en même temps conformer son action à l'état de leurs développements. La surface habitée du globe nous présente à cet égard une série d'inégalités morales qui résultent chez les différents groupes du degré d'avancement de leurs caractères physiques, et dont le résultat est de former des nations diverses. L'histoire universelle devient à ce point de vue un enchaînement continu de faits, qui ont tous leurs points d'attache dans la nature des races et dans leurs métamorphoses. Au plus bas de l'échelle, nous rencontrons les peuples sauvages, chez lesquels tous les développements de la civilisation sont avortés. Plus haut commencent les nations barbares (les termes manquent pour fixer les nuances intermédiaires) chez lesquelles nous voyons apparaître les premières ébauches de l'état social. Ces formes primitives de société se perfectionnent à mesure que les couches humaines se rapprochent de la race blanche, qui est le terme de la série. L'échelonnement des sociétés, en rapport avec l'échelonnement des races, est une vérité nouvelle que la science et les voyages féconderont dans l'avenir. Nous arriverons ainsi à connaître le caractère des nations sur lesquelles nous devons agir et le degré de force de leurs institutions ou de leurs croyances. Lorsqu'on envisage la distribution géographique des religions à la surface du globe, on est étonné de les voir partout soumises à une loi de la nature. Le christianisme s'est établi généralement sur la race blanche, tandis qu'il n'a jamais pu s'étendre d'une manière bien fixe sur les autres races. Ce fait a sa racine dans la constitution physique de notre espèce et dans la tendance des cultes. Qu'est-ce que le christianisme ? Le triomphe de l'âme sur les sens, le règne de l'esprit sur la matière. Toutes les fois qu'une telle doctrine est venue s'appliquer sur des peuples de la race blanche, elle a rencontré chez eux une organisation préparée à la recevoir. Ce qui distingue en effet l'homme caucasique, c'est la prédominance du cerveau, et, par suite, de l'action intellectuelle, sur l'action des sens. A mesure que nous descendons dans les races inférieures, cette prédominance

Alphonse Esquiros

s'efface ; le prolongement de la face se dissipe ; les organes des sens se développent, et avec eux augmente la résistance physique à la foi chrétienne. Le fétichisme ou l'adoration de la matière reparaît de degré en degré et forme au bas de l'échelle le seul culte du nègre. Les Arabes et les Turcs, qui marquent, les uns le passage de la race éthiopique, les autres la transition de la race mongole à la race blanche, ont un culte mixte : le mahométisme est, comme l'a dit M. de Maistre, une *secte chrétienne*, mais à laquelle le génie de ces deux peuples a imprimé son caractère sensuel. L'organisation d'une race tient donc sous sa dépendance toutes les manifestations intellectuelles, religieuses, morales des sociétés qui la constituent. De là des civilisations qui s'échelonnent sur un champ immense et qui s'arrêtent à des degrés divers. Le genre humain arrivera-t-il à faire disparaître ces inégalités par un progrès universel ? Nous le pensons. Les bornes, les obstacles que la nature a mis à la réunion des croyances, s'abaisseront à mesure que la race blanche revêtira les autres races de ses caractères physiques, d'où dérivent toujours les caractères moraux. L'unité des religions sortira de la tendance du type caucasique à s'incarner dans les autres familles de l'espèce humaine.

Il existe une opinion dans la science qui, au premier abord, semblerait devoir rétrécir l'action des races les unes sur les autres ; c'est celle de la persistance des caractères. Lorsqu'une nation policée travaille à retirer un peuple sauvage ou barbare de son abaissement, la civilisation et la nature constituent autour de lui deux forces qui se balancent, qui se croisent, qui se limitent ; le mouvement hésite comme incertain sur sa pente. Il s'établit alors une lutte entre la constance du type et les causes d'action qui veulent l'infléchir. Si ces causes sont transitoires, le type résiste ; si au contraire elles sont permanentes, le type finit par céder. Dans quelles proportions cède-t-il ? Ici les physiologistes se divisent : les uns soutiennent que les modifications amenées par cette lutte n'intéressent pas la forme générale, qui reste la même. Mais ces modifications, où s'arrêtent-elles ? C'est ce que nul ne peut définir exactement. Ces changements oscillent dans des limites que la science même s'avoue impuissante à déterminer. L'expérience démontre bien qu'une plante soustraite aux conditions de la nature, enlevée de son climat et placée sous la main de l'homme, subit des altérations graves qui vont souvent jusqu'à masquer sa forme première ; elle démontre aussi que cette même plante, remise dans son milieu primitif, reprend peu à peu ses anciens caractères et redevient ce qu'elle était auparavant. Ce fait est curieux, mais on peut conclure qu'il ne conclut rien ; car la question subsiste entière de savoir si c'est la force interne du végétal ou l'action des causes primitives renouvelée qui a déterminé son retour au type originel. La vérité est que tous les physiologistes reconnaissent des cas où les types se conservent, et d'autres où ils se dénaturent. Il se passe pour les races, dans la formation historique, quelque chose d'analogue à ce qui eut lieu pour les êtres organisés dans la grande époque de formation terrestre ; il se rencontre des types qui résistent et se rompent, des types qui survivent intacts aux grandes secousses des évènements, des types qui cèdent. Il n'est donc point impossible de faire sortir une race de l'orbite qui lui est tracé par la nature, et de l'entraîner dans le mouvement d'une autre race. Mais ce qui est encore plus certain et plus reconnu, c'est la production de types nouveaux sortant du contact de deux races en présence. Du nombre des éléments constitutifs d'un peuple et du degré de leur association résulte, pour ainsi dire, la forme qui lui est propre. Plus la race est pure, plus son organisation sociale est simple, plus sa vie intellectuelle et son existence comme nation est limitée. Ces races, en quelque sorte rudimentaires, se compliquent et se perfectionnent par le croisement avec d'autres groupes du genre humain. Leurs caractères, en se mêlant, donnent naissance à une infinité de nuances intermédiaires. Plus un peuple acquiert ainsi d'éléments, plus il s'élève : son organisation sociale s'étend, ses fonctions s'accroissent, et à mesure que les caractères de la population se surajoutent les uns aux autres, sa vie augmente. Les éléments sont d'abord désunis ; mais le temps en opère la fusion, et pendant que cette fusion s'opère, des développements nouveaux se manifestent, l'éducation achève de faire disparaître les différences morales et organiques qui étaient un obstacle au progrès. C'est ainsi que la nature, avec un très petit nombre de races primitives, a pourvu par la variété infinie des croisements à la perfectibilité matérielle des sociétés.

L'étude ethnographique du globe nous présente la grande division des races progressives et des races arrêtées. Il arrive un moment où l'activité des nations s'épuise : les unes se fixent plus tôt,

Alphonse Esquiros

les autres plus tard. Du degré où elles s'arrêtent résulte leur élévation ou leur abaissement dans l'histoire. Ces races incomplètes, mais achevées dans leur imperfection, survivent quelquefois à leur propre grandeur, comme les ruines survivent au monument d'où elles sont tombées. Leur avenir est l'immobilité. Il y en a qui stationnent alors (c'est le cas des nations mongoles) ; il y en a d'autres qui rétrogradent. L'Afrique est surtout le berceau de ces peuples toujours au même âge ; elle en a d'autres qui, après avoir atteint le degré de croissance des peuples civilisés, reculent de l'état où ils étaient parvenus pour se détériorer ou se détruire. L'Asie, la Chaldée, l'Assyrie nous présentent une image de cette triste métamorphose du temps : l'âme de ces peuples s'est convertie en bête fauve, *animafiera divenuta*. Ces races arrêtées sont mortes pour la civilisation. Elles disparaîtront infailliblement du globe, à moins de l'intervention d'une nation civilisée. Des races stationnaires pendant des siècles, parce qu'elles avaient épuisé la série de leurs développements, et qu'elles étaient incapables par leurs propres forces d'aller plus loin, peuvent reprendre un nouveau mouvement, si elles viennent à s'unir avec des races en progrès. La France est, nous le croyons, prédestinée à cette œuvre qu'allons-nous faire à notre insu dans l'Algérie ? Ressusciter l'Afrique. La race sémitique est une de ces races fortes qui, après avoir fait leur temps, s'usent et tombent. Sa civilisation a précédé la nôtre et avait même jeté un grand éclat : cet éclat est fini ; mais il peut renaître. Il dépend de nous de communiquer aux Arabes de nouvelles forces pour continuer leur progrès. La France gagnerait de son côté à retremper la fibre molle de ses habitants du nord dans cette nature sèche et bouillante de l'Atlas. Il cri est des races comme des individus ; il y a chez elles déperdition de forces, l'action leur enlève chaque jour de leur puissance ; il faut alors que, pour se conserver et s'accroître, elles puisent sans cesse dans les autres races les éléments de leur vitalité. Le type arabe est magnifique et répond assez bien au type français ; nous avons reconnu notre image dans cette race nerveuse qui se nourrit de ses luttes et qui s'endurcit de ses cicatrices. Lien naturel des peuples de notre continent avec ceux de l'extrémité de l'Afrique, l'Arabe nous initie à une plus ample conquête. Le chemin est désormais tracé à notre influence sur cette terre, berceau et patrie de la race noire. Napoléon nous a ouvert l'Égypte avec son épée ; la civilisation nous ouvrira les profondeurs des autres contrées africaines, avec la vapeur et avec les chemins de fer. L'Amérique du Sud présente aussi çà et là des races entravées dans leurs développements, qui attendent notre action pour se dégager. L'Asie a, dans la race mongole, un rameau qui tombe faute de sève. L'isolement a détruit la force de ces peuples féroces et superbes qui, dans la personne de Gengis-Khan et d'Attila, ont si puissamment effrayé l'Europe. L'évènement qui enterait ce rameau flétri sur le tronc des races jeunes et vivaces, sauverait peut-être une grande civilisation à la veille de s'éteindre. Nations de l'Europe, que redoutons-nous ? Toutes les races tendent à l'envahissement de la terre ; mais elles le font avec des armes inégales. Les peuples qui avancent n'ont rien à craindre des peuples stationnaires. Une race supérieure ne peut être conquise sans que la force de sa constitution asservisse à la fin ses propres conquérants. La nature, plus forte que les armes, finit toujours par vaincre, en pareil cas, la victoire même. C'est ainsi que la race caucasique, longtemps comprimée en Asie par la race mongole, a réussi presque entièrement à s'en délivrer. Aujourd'hui cette population si forte qui attaquait n'ose plus même se défendre ; l'empereur de deux cent cinquante millions d'hommes jaunes n'oppose à une poignée d'Anglais que la soumission et le silence.

L'Europe est la partie du monde où la race blanche, pure de tout contact, développe le plus largement tous ses caractères. La supériorité de cette race est reconnue : pendant que le Mongol, le Nègre, l'Américain, le Malais, n'étaient occupés qu'à satisfaire leurs appétits matériels, l'homme caucasique a mesuré la terre ; la terre ne lui a pas suffi, il s'est élevé jusqu'à l'idée d'un premier principe, auteur de tous les êtres. Au moment où la race blanche apparut sur notre continent, elle trouva un monde à faire ; elle le fit. Tandis que les autres races indolentes étaient désarmées contre les attaques des climats, tandis que le Mongol lui-même n'avait fait qu'ébaucher la conquête de l'homme sur la nature, la race caucasique seule a poussé jusqu'au bout sa victoire ; elle s'est rendue maîtresse des éléments, maîtresse des mers. Ce qui est chez elle encore plus remarquable, c'est le développement de la volonté ; que les autres races sommeillent sous le joug d'une nécessité aveugle, la race blanche a dominé tous les obstacles ; elle ne s'est pas contentée de ses propres forces, elle en a créé. Ajoutant à sa puissance morale la

Alphonse Esquiros

découverte de l'imprimerie et celle de la vapeur, elle a étendu son domaine. Toutes les fois qu'elle s'est approchée des autres races, elle les a absorbées ; elle a pris au Nègre, à l'Américain, au Mongol, leurs tempéraments nerveux, bilieux, lymphatique, et elle a fait de tout cela des hommes à son image. Cette race géante, descendue un jour des montagnes du Caucase, séjour de Prométhée, n'a point encore terminé son œuvre. La race blanche a commencé en Asie : la population actuelle de notre continent est le résultat de plusieurs migrations successives et du croisement de ces migrations entre elles. La marche des colonies qui se sont détachées des montagnes situées dans le nord de l'Asie est invariable : la race caucasique s'avance d'orient en occident ; elle laisse sur son chemin une série de peuples qui se suivent et se succèdent les uns aux autres, en sorte que c'est pour ainsi dire étape par étape qu'elle développe ses forces. Dans ce mouvement général, le groupe celtique a précédé le groupe teuton, qui a devancé le groupe slave. La formation des différents peuples de notre continent a donc été marquée par des haltes et des temps de repos de la civilisation. Chacun de ces peuples apporte à son tour des propriétés qui le caractérisent ; c'est de leur addition successive et de leur mélange que résulte la figure actuelle de l'Europe.

Il existe une croissance dans les races ; à mesure qu'elles grandissent, la main de la nature achève sur elles son ouvrage : cette croissance se manifeste dans la race caucasique. Plus nous remontons vers son berceau, plus nous lui découvrons les caractères de la première enfance. Lin grand nombre de monuments historiques s'accordent à nous représenter les hommes des migrations primitives comme ayant des yeux bleus et des chevelures qui variaient du roux au blond clair : les Celtes étaient blonds, les Germains étaient roux. Ces deux nuances ont cessé d'être dominantes en France et en Allemagne. Les Écossais formaient également une race blonde : ils ont aujourd'hui perdu ce caractère. On peut donc dire que la couleur générale dans la population actuelle de l'Europe diffère notablement de celle de toutes les races qui ont concouru à la former. Ce résultat ne s'explique qu'en partie par les changements auxquels ont donné naissance le mélange des peuples et les influences du climat. On est forcé de recourir à une autre cause d'action, à un principe moteur en vertu duquel une race qui avance rejette ses formes primitives pour en revêtir sans cesse de nouvelles. M. l'abbé Frère, auquel nous devons des recherches très curieuses sur les périodes historiques, a observé que le tempérament de notre race avait été successivement lymphatique, sanguin, puis bilieux. La couleur de la peau a suivi les mêmes variations. La plupart des historiens grecs et latins nous peignent les Celtes comme très blancs ; Ammien Marcellin ne revient pas de la blancheur lactée des femmes gauloises : cette première teinte s'est changée en rouge, puis une couleur plus sombre est venue brunir l'éclat sanguin. Des changements encore plus considérables, et dont l'importance s'accroît, semblent avoir agi sur le volume, sur la forme et sur le développement de la tête. M. Frère vient de concéder au Muséum du Jardin des Plantes une collection de crânes retrouvés dans des fouilles et appartenant aux différeras âges de notre nation : ces monuments d'une nouvelle espèce nous montrent l'empreinte de la loi du progrès sur l'organisation humaine.

Le mouvement n'est pas le même pour toutes les variétés, chaque groupe de la race blanche s'avance vers des caractères qui lui sont spéciaux ; mais c'est toujours par une succession d'états transitoires qu'il arrive à une forme déterminée. Cette évolution, qu'on pourrait nommer l'embryogénie des races, entraîne à sa suite tous les faits de l'histoire des peuples. A mesure que les nations renouvellent leurs caractères physiques, elles renouvellent les bases de leur état social ; c'est dans le cours de ces progrès, et notamment dans la transition d'un âge à un autre, que se manifestent les grands évènements qui changent la face politique des nations civilisées. Ce mouvement de formation ne s'arrête que quand la race a acquis tous ses éléments et s'est constituée sur le type qui lui est relatif. Il se fait alors une véritable station qui s'étend au physique et au moral des sociétés. Nous avons déjà retrouvé les traits de cette immobilité dans la population chinoise ou japonaise. M. Étienne Geoffroy-Saint-Hilaire, visitant la terre d'Égypte à la suite de nos armées, compara les habitants actuels de cette région à ceux qui dorment dans les hypogées : c'étaient les mêmes momies. Toute la différence qu'il put trouver entre elles, c'est que les unes étaient entourées de bandelettes, tandis que les autres étaient libres. Aucune des nations de l'Europe n'en est là, toutes s'avancent par un renouvellement continuel de formes, par une série de mutations, vers un état que nous ne connaissons pas encore.

Si maintenant nous comparons le mouvement de la race blanche à celui des autres races, nous découvrons qu'elle a effacé chez elle successivement les âges inférieurs qui composent d'une manière fixe l'état des civilisations orientales. Le degré d'avancement de ces dernières s'est répété chez nous l'un moment donné de notre histoire. Jetons un regard sur les sociétés primitives de l'Asie, de l'Afrique et du Nouveau-Monde : nous les trouvons toutes enveloppées dans des formes civiles et religieuses auxquelles nos sociétés européennes ont tenu pendant quelques siècles, mais dont elles se sont détachées aujourd'hui par leurs développements. La théocratie, la division par castes, l'usage des hiéroglyphes, qui forment autant de traits distinctifs des civilisations de l'Inde, de la Chine, de la vieille Égypte et du Mexique, se retrouvent chez nous dans la société du moyen-âge. Toute la différence entre le mouvement de ces races et le nôtre, c'est que les peuples jaunes ou noirs se sont fixés sur des institutions que nous avons temporairement subies et rejetées. Il ne faut pas comparer l'organisation sociale des peuples inférieurs avec celle des peuples supérieurs à leur état d'achèvement ; mais il faut rapprocher la maturité des uns de l'enfance des autres, et l'on voit naître alors de nombreux caractères qui se correspondent.

Nous ne devons, d'ailleurs, pas oublier que chaque groupe a une puissance de formation qui lui est propre. Dans la naissance des sociétés comme dans la création des animaux et des races, on remarque des intervalles de temps qui établissent la différence de l'une à l'autre. Les États-Unis, fondés les derniers dans ce mouvement de rotation que la civilisation décrit autour de la terre, présentent les caractères renforcés du type général de la race blanche et du rameau de cette race dont leurs populations se sont détachées. Un des caractères, par exemple, de la race blanche, c'est le sentiment de la liberté. A peine a-t-elle touché le sol de notre continent qu'elle y dépose le principe de l'élection. Ce principe, qui l'a suivie dans les diverses phases de son état social, a revêtu toutes ses institutions civiles et religieuses de ces formes extraordinaires que n'avaient jamais connues ni la race noire, rai la race jaune. Tandis que le Mongol languit sous la stabilité d'un état tyrannique et absolu, le Celte et le Teuton primitifs ont renouvelé plusieurs fois leurs chefs, leur monarchie, leurs lois. Le principe de l'élection, qui, en Europe, a créé les gouvernements constitutionnels, se développe à mesure que la race blanche avance sa marche circulaire à la surface du globe : il donne alors naissance, sur la terre du Nouveau-Monde, à une démocratie qui n'est point représentée dans notre continent, du moins sous les mêmes formes.

Les rapports géographiques ne doivent pas non plus être négligés dans le tableau de la configuration des peuples : l'histoire de l'homme se lie partout à celle du globe qu'il habite. Le morcellement de l'Allemagne, par exemple, est une suite du mélange des Germains avec les Slaves et de l'état accidenté de son territoire. Ces montagnes, ces fleuves, ces profondes vallées qui brisent l'unité du sol, ont également déchiré l'unité politique en une multitude de petits états. La France, qui est au contraire douée d'un système géographique admirablement homogène, a aisément ramené sa population à une seule existence nationale. Strabon, rien qu'en se fondant sur des considérations tirées de la surface topographique des Gaules, avait prédit la centralisation à venir de notre pays. Nous pouvons, en nous établissant sur la même base, prévoir les changements que les chemins de fer amèneront. Ce n'est rien avancer de neuf que de dire qu'ils achèveront l'unité nationale des grands états de l'Europe. En Allemagne, ce qu'on nomme à cette heure le type slave germanisé n'existe encore qu'à l'état d'ébauche. Les obstacles opposés par la nature des lieux à la communication des divers rameaux qui constituent les deux races ont puissamment contribué à maintenir leurs caractères respectifs, et avec eux les principaux traits de leur nationalité. L'unité de la France existe en principe, mais existe-t-elle en fait ? Les provinces du midi n'ont pas les mêmes intérêts que celles du nord ; la Normandie ne parle pas la même langue que l'Alsace, Bordeaux ne tient à Paris que sur la carte. La révolution, la république une et indivisible, ont passé au-dessus de la tête des populations de l'ouest sans rien déranger à leurs mœurs, à leurs habitudes, à leurs croyances d'il y a deux siècles. Ouvrir la Bretagne, y faire pénétrer des voies de communication et de progrès, ce sera conquérir une seconde fois l'Armorique au royaume de France. Les chemins de fer, en rendant plus centrale la position de Paris, sèmeront l'enseignement dans les provinces incultes ; où ils passeront, la lumière sera. Or, quand la

Alphonse Esquiros

France entière saura lire, quand toutes ses parties seront rattachées entre elles par les liens de l'intelligence et du commerce, quand son territoire, déjà si compact, aura renversé la barrière matérielle des distances, quand Marseille ne sera plus qu'à deux jours, et peut-être même à vingt-quatre heures de Paris, l'unité morale, politique et industrielle de notre nation deviendra complète.

L'action cohérente des chemins de fer ne s'arrêtera pas toujours aux limites nationales. Nous croyons que les états du centre de l'Europe sont destinés à s'asseoir sur une assiette plus étendue. Les chemins de fer concourront à effacer certaines divisions arbitraires contre lesquelles la guerre a été impuissante. Jusqu'ici les grands royaumes ont joui d'une existence assez fixe ; mais entre eux s'en-clavent de petits états dont le territoire sert sans cesse de point de rencontre à l'ambition de leurs voisins. L'incertitude de leur desti-née toujours flottante est une suite de la tendance que manifestent les nations à régler leurs limites sur celles des races. Nous efface-rions de notre mémoire le souvenir des faits historiques, qu'avec la seule connaissance des races et de leur gisement nous découvri-rions aisément sur la carte les points du globe sans cesse entamés par la guerre et les points intacts. Les pays où la race présente une surface considérable, uniforme, compacte, bien tranchée, ont été épargnés par le fléau, sauf les cas très rares d'invasion en masse. Au contraire, tous les endroits placés sur la transition d'une race à une autre ont subi ces guerres intermittentes qui déplacent indé-finiment l'existence nationale. Participant à la fois des deux types voisins dont ils réfléchissent la puissance, les habitants de ces petits états ont une nature hybride ; la mobilité de leur patrie est une suite de l'incertitude de leurs caractères. Si maintenant nous cherchons les parties du globe sur lesquelles la grande vitalité des chemins de fer devra s'établir, nous trouverons que ce sont précisément celles-là. La guerre, ayant été dans le passé le seul moyen de communi-cation, nous dessine la trace que l'influence de la vapeur doit par-courir. Ces petits états intermédiaires, si souvent sillonnés par les boulets, et dont l'importance est philosophiquement très grande, ont été les premiers à se couvrir de voies de communication perfec-tionnées. Terrains d'assimilation de deux races, la Belgique, par exemple, la Bohême, la Hongrie, nous semblent destinées à devenir, par l'établissement des chemins de fer et des canaux, les points d'attache de l'unité européenne. Grâce aux nombreux rapports des races qu'elle confine, la nationalité de ces petits états se fixera d'elle-même lorsqu'un des deux éléments de leur population mêlée arrivera à prédominer sur l'autre. Il ne sera besoin pour cela ni de l'emploi de la force brutale, ni de ces interminables guerres de partage, qui, en déplaçant, de siècle en siècle, la borne des grands royaumes, changent et déclassent arbitrairement les destinées de leurs voisins. Quand l'esprit et le sang d'un peuple pénètrent dans un rameau allié, ce dernier rentre naturellement dans les limites de la race dont il finit par revêtir les caractères. L'évènement qui doit le réunir arrive tôt ou tard, mais il arrive. Les forteresses, les lignes défensives, les ouvrages et les barrières élevés par la main des gouvernements n'y peuvent rien ; l'opinion et l'instinct de la nature les renversent. On a dit que les chemins de fer étaient des voies stratégiques ; ils sont mieux que cela : ces lignes, qui établissent des rapports croisés sur tous les points où les rivalités des grandes monarchies s'exerçaient, ne favorisent pas la guerre, elles la préviennent.

Quelques philosophes, voyant venir de loin ce fait du mélange des races, ont cru que leurs caractères se confondraient les uns dans les autres. C'est une erreur. Il existe bien un grand nombre de germes, dispersés à la surface du globe terrestre, et qui tendent tous à se développer selon des lois particulières ; de la réunion de ces germes résultera plus tard l'unité finale de notre espèce et l'accomplissement de ses destinées ; mais cette fusion n'amènera pour cela aucune uniformité. Il est aujourd'hui démontré que les types ne s'effacent pas toujours en se mêlant : M. Edwards a rencontré en France, en Allemagne et en Italie d'anciens peuples dont les traits et les autres caractères physiques avaient survécu à la mort nationale. Ces monuments de la nature étaient demeurés debout au milieu des ruines de tous les monuments de l'art. On retrouve également sur la colonne trajane la figure de la plupart des peuples modernes qui ont succédé aux Cimbres, aux Daces, aux Scandinaves. Le visage des Huns, ce visage qui intimida l'Europe par sa laideur, n'est point perdu : M. Edwards l'a vu reparaître dans la Hongrie. La nature ramène quelquefois tout à coup au sein de la population la plus mêlée des types qu'on aurait pu croire anéantis : la tête de Charles X reproduisait les formes exactes de la race franke. Nous ne devons donc pas craindre que les traits des nations modernes s'altèrent de si tôt. M. Serres croit en outre à l'existence d'une force inhérente au sol qui détermine la forme générale des habitants. La terre de France, selon lui, fait des Gaulois, comme celle de la Grande-Bretagne fait des Anglais, comme la nature du Nouveau-Monde, à peine ébauchée, produit des fils à son image. Nous avons donc dans la force interne du type et dans la force extérieure des milieux une double cause qui concourra longtemps à maintenir les caractères des peuples. L'unité des races en augmentera au contraire la variété. Quand les races sont pures, le même tempérament, les mêmes caractères se dessinent à grands traits sur tous les citoyens d'une nation : un Chinois ressemble à un autre Chinois. Si quelques individualités se détachent par hasard de la masse, comme Gengis, Attila, Tamerlan, c'est qu'elles représentent le mongolisme élevé à sa troisième puissance ; l'homme le plus fort est alors celui qui réfléchit le mieux le type général de la race. Quand c'est l'inverse qui a lieu, c'est-à-dire quand on observe une race très mélangée, on voit au contraire que les individus correspondent chacun à des groupes, à des familles humaines, dont ils ont emprunté en naissant les caractères, et dont ils reproduisent les dispositions morales. Cette répétition des races dans les individus est un grand fait de philosophie naturelle. La France, dans laquelle la race celtique s'est personnifiée, a un tempérament moyen, qui donne le tempérament primitif des Gaulois ; mais, à cause de ses nombreux rapports avec les autres races, elle se trouve avoir en elle un grand nombre d'autres types et constituer, pour ainsi dire, une humanité en petit. C'est à ce mélange qu'elle doit sa supériorité.

Nous ne sommes pas de ceux, comme on voit, qui rêvent une monarchie européenne ; les seuls caractères de races suffiront à maintenir pendant longtemps la division des états. Chacune de ces races a un mouvement particulier ; elle s'avance vers la réalisation d'un type qui lui est propre. Ce qu'on nomme le génie d'un peuple n'est que l'ensemble des caractères physiques et des facultés morales qui le distinguent d'un autre peuple, qui lui donnent une forme, une vie relative. L'existence de ces variétés naturelles constitue le sol sur lequel les institutions sociales posent leur fondement. L'histoire nous présente un balancement alternatif des races qui fait que tantôt l'une, tantôt l'autre, se met à la tête du mouvement de la civilisation. Ce balancement ne permet pas à une de celles qui existent maintenant en Europe de s'établir d'une manière fixe sur ses rivales ; c'est ce qui entretient l'équilibre des sociétés modernes. Avec le temps, l'une de ces races finira-t-elle par arrêter sa prédominance, et par donner, en quelque sorte, sa figure au monde ? Nous n'élèverons pas jusque-là nos prévisions. A défaut de cette unité systématique de royaume, nous croyons que les peuples, en rapprochant leurs communications, formeront naturellement une même famille. On retrouve, dans les nombreux types de la race blanche, une empreinte indélébile qui se remonte à travers toutes les variétés, et qui semble être la trace d'une commune origine. Une langue universelle, dont les débris sont répandus dans nos langues modernes, et qui remonte jusqu'aux bouches du Gange, doit avoir présidé au berceau de notre race. Ces liens de parenté ne sont du reste pas les mêmes pour tous les habitants modernes de l'Europe. On sait qu'il existe entre les races de notre continent des sympathies et des antipathies. Nous croyons que ces instincts, qui concourent souvent à former le sentiment national, sont des avertissements utiles de la nature. Cette mère sage a interposé des inimitiés dans le cœur des races qui se dégraderaient en se mêlant, tandis qu'elle a mis au contraire des inclinations dans le sang des races qui doivent s'élever par leur commerce. La loi de ces attractions et de ces répulsions nationales étant ainsi déterminée, nous avons un moyen pour juger les entreprises de la guerre qui seules ont fait communiquer les peuples durant les âges de barbarie. Il existe des conquêtes arbitraires et des conquêtes naturelles. Les conquêtes naturelles sont celles qui, par l'union de deux races en mouvement l'une vers l'autre, doivent concourir à l'avancement de la civilisation ; les conquêtes arbitraires sont celles qui agitent et confondent les peuples pour satisfaire l'amour-propre d'un homme ou d'une société. Les unes se sont généralement maintenues, les autres ont été renversées. Les peuples qui travaillent à défendre leur nationalité travaillent presque toujours à conserver en eux les éléments dont l'existence est nécessaire à la nature pour achever l'espèce humaine. C'est alors que la guerre est sainte. Il y a dans l'histoire un grand spectacle, c'est Vercingétorix en face de César, la Gaule et Rome. La race gauloise maintenait en elle par les armes un des germes de la civilisation future ; elle fut vaincue, mais non

Alphonse Esquiros

soumise. L'indépendance des caractères celtiques se dégagea plus tard de la lutte ; leur conservation survécut même à la conquête et au conquérant. Dans ces derniers temps, l'erreur de Napoléon et l'une des principales causes de sa chute fut d'avoir voulu amalgamer dans la victoire des races hétérogènes qui n'étaient point du tout préparées à s'unir. L'homme le plus fort ne peut rien contre la force de la nature, et toute entreprise qui violente les rapports des races entre elles échappe à la main de son auteur. Les chemins de fer, en ouvrant à travers l'Europe un champ de bataille pacifique, doivent augmenter l'action des influences morales. Le résultat des voies de communications nouvelles sera de remplacer les conquêtes par des alliances. La loi qui présidait aux unes présidera nécessairement aux autres. La force d'assimilation des races se trouvera plus que doublée par les fréquents rapports qu'elles auront entre elles ; mais nous ne croyons pas que cette force agisse jamais en sens inverse de son principe. Il existe à certaines alliances des obstacles que les chemins de fer eux-mêmes n'effaceront pas aisément. Un système de voies de communications à vapeur, fondé sur les rapports naturels des races, serait le seul profitable aux intérêts de l'unité européenne.

L'entrelacement des rameaux détachés à l'origine des montagnes de l'Asie rend fort difficile, chez les peuples modernes, la distinction de leurs caractères. Nous voyons pourtant encore se dessiner assez bien les principaux contours des races dans la configuration des grands états. A l'orient de l'Europe, parmi les glaces qui le couronnent, se dresse le colosse slave ; à l'occident, la tête encore cachée dans les forêts du Nouveau-Monde, un autre géant se dessine avec des caractères de teutonisme. Entre la Russie et la république des États-Unis, s'étendent des nations formées, les unes des débris de la race celte, mêlée aux restes de la population romaine, les autres des différentes couches de la migration germanique. L'antagonisme entre les peuples du nord et ceux du midi de notre continent a sa racine dans cette diversité d'origine. Au contraire, une certaine analogie de dispositions morales se manifeste dans les peuples issus de la même souche ou formés à peu près des mêmes éléments. Il est à remarquer, en effet, que la réforme religieuse s'est établie avec une notable rapidité sur toutes les nations d'origine teutonique, l'Allemagne, l'Angleterre, les États-Unis ; tandis qu'elle n'a jamais exercé qu'une action très passagère et très restreinte sur le groupe gallo-romain, c'est-à-dire la France, l'Italie et l'Espagne. Cette même opposition simultanée existe dans les mœurs et les aptitudes des deux groupes. Le Teuton a un courage froid, une force particulière pour lutter avec les obstacles matériels ; il a devancé, dans la confection des chemins de fer, tout le groupe latin ; il a donné au Nouveau-Monde son peuple de défricheurs. Le caractère celto-romain brille au contraire par l'impétuosité du premier choc ; il est toujours à la tête du mouvement quand il s'agit de tirer l'épée ou de renverser des barrières dans le monde moral ; mais une force qui résiste est assurée de le vaincre. Il aime mieux lutter avec les hommes et avec les idées qu'avec la nature, parce qu'il sait que les obstacles du monde matériel ne s'enlèvent pas à la baïonnette. La France est la représentation la plus avancée de ce type brillant ; mais elle a avec l'Espagne et l'Italie des liens intimes qu'il ne faut pas négliger. La main de la nature a gravé sur ces trois nations des traits de famille. Le fonds de leur population est à peu près le même. La race celtique, après avoir inondé les Gaules, s'est étendue sur l'Espagne, où elle a refoulé les Ibères dans le fond de la Péninsule. La moitié de l'Italie était celtique ; tout le monde sait qu'il y avait une Gaule au-delà des Alpes. Cette première couche a été recouverte, mais non effacée, par des invasions successives. La domination romaine a donné son empreinte à ces trois pays ; plus tard, l'invasion germanique a glissé sur eux sans y laisser beaucoup de traces. On peut donc dire que la France, l'Italie et l'Espagne ont un caractère analogue ; nous n'entendons pas dire uniforme. Ces trois zones de peuples ressemblent à l'arc-en-ciel, dans lequel chaque couleur fondamentale se mêle aux deux autres sans pourtant s'y confondre. L'affinité des langues est un lien de plus ; le français, l'italien et l'espagnol constituent un même idiome, modifié par les caractères respectifs des trois nations. Il résulte de ces traits de ressemblance, au physique comme au moral, une véritable sympathie. Les guerres entre la France et l'Espagne se sont toujours établies sur des points d'honneur, jamais sur des questions d'intérêts ; pour les nations qui constituent le groupe latin, l'intérêt, c'est de s'unir. Si nos guerres de l'empire ont rencontré dans la péninsule ibérique une vive résistance, c'est qu'elles venaient détruire ou bouleverser les institutions du pays. L'Italie nous a toujours ten-

Alphonse Esquiros

du les bras dans ses moments de détresse ; depuis Charles VIII et François Ier, notre intervention a été regardée, au-delà des Alpes, comme un moyen de délivrance. Une des causes de la grandeur de Napoléon fut d'avoir réuni dans sa personne et dans son origine les caractères de ces trois peuples. La Corse est, en effet, le terrain d'assimilation de la race celtique, ibérienne et néo-latine. Aussi, toutes les fois que Bonaparte a tourné son épée vers son berceau, il a constamment été heureux. Les destinées de l'empereur et celles de la France étaient du côté du soleil.

Le chemin de nos conquêtes dans le passé doit nous tracer celui de notre influence dans l'avenir. A Dieu ne plaise que nous conseillions de restreindre le réseau de nos communications avec l'Allemagne et avec l'Angleterre ; mais nous croyons que les lignes de fer destinées à asseoir notre alliance morale, industrielle et commerciale, sur l'Espagne et l'Italie méritent en quelque sorte la priorité. Or, ce sont précisément celles qui ont été le plus négligées jusqu'ici.

La France est une des nations les plus intéressées dans l'établissement des voies de fer. Sa position centrale lui donne un grand avantage : chemin de transit de l'Angleterre vers l'Afrique, de l'Allemagne et de la Russie vers le Nouveau-Monde, elle ouvre des communications immenses. Son territoire mitoyen, sur lequel le sang des peuples ira se mêlant d'un monde à l'autre, devient comme le sol de l'unité des races. Cette situation géographique est admirable. Les lois, les mœurs, les institutions, s'accommodent toujours chez un peuple à la somme des développements qui lui est dévolue, et cette somme augmente en raison des forces nouvelles qu'il puise dans l'union avec les autres peuples. Ces emprunts entretiennent la vie des races et la vie des états. Plus les nations se mêlent, plus la richesse du fonds social dans lequel puise la nature pour former les individus se trouve augmentée. Les chemins de fer ouvrent à la supériorité des races qui couvrent notre continent un vaste champ clos d'influences et de conquêtes. Ces conquêtes-là ne coûtent pas de larmes à l'humanité : les vainqueurs et les vaincus en recueillent également les fruits. La France n'a d'ailleurs rien à craindre dans cette lutte. Tête de cette gigantesque colonne qui s'est détachée un jour des hauteurs de l'Asie, la famille celtique est celle dont les caractères expriment le mieux le type de la race caucasique. La première fois qu'elle apparaît dans l'histoire, c'est pour brûler le Capitole. Elle lutte contre Rome pendant des siècles, et quand Rome est tombée, elle lui succède. Les Français ont aujourd'hui la figure et le tempérament des anciens Romains. Les autres races du Nord sont physiquement inférieures à la nôtre ; les Germains sont robustes, la famille slave est envahissante comme toutes les races jeunes ; mais par l'Allemagne et la Russie, d'après M. Serres, on voit arriver de loin le mongolisme. La France a surtout hérité de la puissance romaine un caractère d'initiative qui la distingue. Quand les philosophes ont cherché un motif à l'acte de la création, ils n'en ont pas trouvé de meilleur, sinon que le principe de la vie avait eu besoin de se communiquer. Ce besoin, qui chez Dieu détermine le mouvement créateur, devient dans l'humanité l'agent du progrès. Il y a des peuples qui communiquent, et il y en a d'autres qui absorbent : Carthage absorbait comme l'Angleterre, Rome communiquait comme la France.

Les Romains portaient partout avec eux la civilisation ; ils construisaient des fontaines, des routes, des ponts, des canaux chez les peuples vaincus ; ils leur transmettaient leur langue, leurs lumières, leurs connaissances. L'intensité des caractères diminue chez une race à mesure qu'elle étend et généralise ainsi sa présence à la surface du globe. A force de faire participer les nations étrangères à sa propre existence, la race latine, dans laquelle toutes les autres avaient mêlé leur sang, a fini littéralement par s'évanouir dans ses conquêtes. Cette cause de décadence de la grandeur romaine, quoique passée sous silence par Montesquieu, nous semble la plus forte de toutes Rome est morte pour le salut de l'humanité. La France a visiblement la même tendance ; elle est douée d'un mouvement d'expansion extraordinaire. On a dit que le Français n'était pas un peuple colonisateur ; on pourrait même presque dire qu'il n'est point conquérant, en ce sens qu'il ne sait point conserver ses conquêtes. En effet, c'est moins la possession qu'il recherche dans la victoire que l'influence à exercer sur le monde. Le Français est, qu'on nous passe le mot, un peuple missionnaire. Il a été guidé par ce sentiment dans toutes ses entreprises. Le besoin de communiquer son enthousiasme révolutionnaire lui a fait, il n'y a pas un demi-siècle, engager avec toutes les nations de l'Europe cette grande croisade qui étonnera la postérité. Le peuple français a mis son nom dans les fastes de tous les peuples, son esprit dans tous

Alphonse Esquiros

les esprits, sa main dans la main de tous les habitants de la terre. A plusieurs reprises, notre pays a poussé ses flots pacifiques sur les contrées voisines ; la révocation de l'édit de Nantes, qui chassa quatre cent mille Français de leur patrie, mêla notre sang à celui de l'Allemagne. Les individualités puissantes sortent du croisement des races fortes : Humboldt, Gall, Schiller, Goethe, sont des Français germanisés. Aujourd'hui que les voies matérielles sont ouvertes, la puissance communicative de la France s'exercera avec encore plus d'énergie. Elle transformera ses rapports guerriers en des rapports industriels, commerciaux, scientifiques. Par les bateaux à vapeur, elle peut asseoir dans les mers du Nord son influence sur le Danemark et la Suède, dans l'Océan Atlantique sur l'Amérique du Sud ; par les chemins de fer, elle étend sa civilisation sur tous les états de notre continent. Il appartient à celle qui eut de si longs et de si étroits attachements avec la gloire militaire de savoir s'en séparer quand l'intérêt du monde l'exige. Il s'agit maintenant pour notre nation de dominer par la paix comme elle l'a fait si longtemps par la guerre. Le développement de l'industrie et des arts utiles n'exclut d'ailleurs pas la dignité des rapports et au besoin l'intervention de la force. Les peuples n'ont pas oublié qu'à l'époque où les États-Unis d'Amérique voulurent se dégager du joug de notre continent, ils empruntèrent l'épée de la France. C'est à tort qu'on accuse notre nation de légèreté. « La race celtique, s'écrie M. Serres dans ses leçons, est à la tête de toutes les autres races humaines, la plus fixe, la plus tenace, la plus persévérante. Lorsque les Gaulois se trouvèrent en présence de César, ils voulaient la liberté pour eux et pour le reste du monde. Cette résolution les a suivis dans tout le cours de leur histoire ; c'est le même esprit qui se continue, on le voit reparaître dans les communes ; il se représente aux états-généraux, il amène l'explosion de 89 ; nos pères veulent alors ce qu'avaient voulu les Gaulois du temps de César : la liberté des peuples ! En 1830, nous nous retrouvons en face des mêmes idées ; la lutte décide encore une fois notre indépendance et celle des autres nations. Aujourd'hui la France rencontre un obstacle à son influence sur les destinées du monde ; cet obstacle est l'Angleterre. Notre race est plus forte que la race britannique Nos ancêtres ont ruiné la puissance des patriciens de Rome ; nous détruirons le monopole des patriciens de Londres. »

Du mouvement des races humaines

De l'alliance de l'économie sociale et des sciences naturelles nous paraît être sortie la solution au problème qui nous occupe : la multiplicité des races humaines doit se transformer un jour sur le globe dans un fait encore plus complexe, celui de la variété infinie des individus. Aucun type humain ne se perdra ; tous se modifieront. Le mouvement d'unité qui rapprochera de plus en plus les distances et les races n'est point un mouvement aveugle ; il ne tend point à temps, et à donner aux habitants du globe une figure uniforme : non, le résultat de cette unité sera d'introduire une diversité plus grande dans les caractères, et par suite dans les fonctions. Cet argument physiologique nous semble ajouter un motif de plus à tous ceux que nous avons déjà d'étendre nos voies de communication par terre et par eau. Le genre humain est encore à cette heure en voie de formation : rapprocher entre elles les différentes races répandues à la surface du globe, ce sera réunir les matériaux qui doivent concourir à son achèvement. La facilité des voyages ouvrira une nouvelle source de mélanges dont les effets seront de multiplier les types qui existent maintenant chez les diverses nations de la terre par l'accession de types nouveaux. Or, comme les races n'avancent physiquement et moralement que fécondées les unes par les autres, nous arriverons, au moyen de l'établissement des chemins de fer et des nouvelles voies de navigation, à ce grand fait philosophique, à ce progrès universel qui contient et résume en lui tous les autres progrès, le perfectionnement de l'homme et de la nature.

ISBN : 978-1542775243

Alphonse Esquiros